パパになった旦那よ、ママの本音を聞け！

野々村友紀子

はじめに

わが子のかわいさったらないですね。

赤ちゃんのころなんて最高。笑顔でいてくれたら、こちらも一日じゅうヘラヘラした顔で見ていられる天井知らずのかわいさです。この感情は自分の子をもってみないとわからなかったこと。

さすが、昔から「目に入れても痛くない」と表現するだけのことはあります。

だって、「目」やで？

まつげ1本でも気になって気になってしかたない、あの「目」に入れても「痛くない」とは、もうかわいいだけでは無理。すべてを超越した存在なのです。だから、お気に入りの服がよだれまみれになろうが、突然笑顔でアゴに頭突き入れられようが、おんぶしていたら突然背後から「あっきゃー」という奇声とともに巨大くす玉を割るくらいの勢いで髪の毛を引っぱられ首がもげそうになろうが、全然平気。余裕。そのかわいい笑顔を見るだけで許せるのですから。

しかし、赤ちゃんのママは24時間営業。

睡眠も食事も休養も十分に取れていないなか、まだからだもホルモンの影響で精神的にも不安定。赤ちゃんだってご機嫌なときばかりではありません。果てしなきギャン泣き、謎のぐずり、頑ななイヤイヤ攻撃。何をしても通用せず、母なのに泣きやませることができないときの情けなさ。「なぜ？」と問うても答えはなし。なんとか解決したとしても正解かどうかも不明のまま、また次の試練が繰り返し短い間隔でやってくる。しかも、いつ来るかはヒ・ミ・ツ。食事も取らず泣きやませ、やっとの思いで寝かしつけ、カップ麺にお湯を注ぎ3分待って「さあ食べよう」。そんなタイミングに火がついたように泣きだし、ふり出しに戻ることだって日常です。

何度も言おう。わが子は果てしなくかわいい。しかし、はっきり言おう。どんなにかわいくても、ひとり育児はしんどい！これはしかたない。そして、ママは「しんどいと思う」ことさえ、母親失格なのではないかという罪悪感から自分を責め、言い出せずにまた無理をしてしまうのです。

そこで本題です。

世の中のパパになった旦那さんたち。どうかよく聞いてください。育児は、喜びの連続ですが、やった者にしかわからない想像以上の過酷さもセットなので、パパの協力が絶対不可欠！必ず、いっしょに育児をしてください。パパのサポートは、精神的にも救われるのです。

そして、どうせやるなら世の中のママたちの、普段はなかなか面と向かって言えない本音をしっかり聞いて、「本当に感謝される育児参加」をしてください。

世の中から「生まれたあとは知らんぷりパパ」がいなくなり、この本を読んだママのストレスが少しでも減れば幸いです。

【もくじ】

ママの本音3
聞いて

ママの本音4
知って

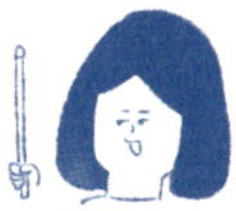

ママの本音番外編

パパの本音を探る！
パパ芸人座談会

座談会版5 パパの本音

ママの本音5

言わせて

ママの本音1

やって

やって❶

とりあえず起きてきて声かけろ！

ママの本音1

うんうん、疲れてるの、わかる。たまの休みで寝ていたいのもわかる。
でもね、子どもの泣き声が少し長めに聞こえたら、とりあえず起きてきて！
ギャンギャン泣いてる声、聞こえてないはずないのにずーっと寝たままとか、
「ウソやろ!? 耳大丈夫!?」って言いたくなるわ！
だいたい、泣きやまないってことはママが手が離せないか、ひとりでは無理なとき！
「どうした、大丈夫？」って声かけてくれたらそれだけで心が救われるし、
わざわざ起きてきてくれたそのやさしさに、
「できるだけ自分でなんとかしよう」って思えるねん！
「大丈夫、寝てていいよー」って言ってほしかったら、**ウソでも起きて声かけて！**
無視されるのがいちばんつらいんやー！

やって❷

言われなくても早く帰ってこい！

ママの本音1

毎日お仕事お疲れさまです。おつきあいもあって大変だとは思います。

でも、**今だけは、ごちゃごちゃ言わんと早く帰ってこい！**

「今日は飲みに行っても大丈夫？」とか、

「次の休みは、遊びに行ってきても大丈夫？」とか、聞いてくるけど
はっきり言う！ 基本的に毎日いっぱいいっぱい！ 大丈夫な日は「ない」!!

産後でホルモンもわけわからんことになってるし、体調も普通じゃないんです。

だから本音は、一刻も早く帰ってきて何か手伝ってほしいねん！

でも、さすがにそれはパパもかわいそう。だから、たまにはいいけど
赤ちゃんのうちは帰れるときは帰ってきて！

それだけでも**「パパ最高！ 大好き！」**ってなるくらい救われる日もあるのです。

やって❸

スマホより、子ども見ろ！

ママの本音1

そんなにスマホが好きかな？　どんだけスマホ見るねん！
「子ども見ておくよ」ってドヤ顔で言ってたけど、
いやいや、**あなたが見てるのはほぼスマホ！**
しかも、子どものほうをチラ見！　**「子ども2：スマホ8」の割合やん！**
まだまだどこ行くかわからん時期に、ケガでもしたらどうするねん！
子どもが寄っていっても気づかないって、どういうこと!?
あなたが今、いちばん見ておかないといけないのは、子どもの顔と成長。
スマホは巣立たないけど、子どもはいつか巣立ってしまうよ。
「顔見せて〜」って寄っていって、「パパやだ」って言われる時期になってから
後悔しても遅いぞ！

やって❹

どうせなら、ママと違うことして遊べ！

ママの本音1

パパが遊んでくれるのは、ほんと助かるよ。
絵本読むのもいいし、家にあるもので遊ぶのもいいよ。
動画見せすぎたり、スマホに頼りすぎるのはやめてほしいな。
でも、何より言いたいのは、
せっかく体力あるんだから、ママが普段できないことして遊んでくれるかな！
公園に連れていって走りまわるとか、**抱っこしてぐるぐるまわる**とか、
パパとの遊びはスペシャルな感じにしてええねんで！
ただし、外では目と手を離すな！ 絶対スマホ見るなよ！
パパとしかできない遊びで、子どもはまたパパのこと大好きになるんだよ。

やって❺

言ったことだけ
やるな！

ママの本音1

「洗濯ものお願い」と言えば「OK！」

「お風呂入れて〜」と言えば「まかせろ！」

お手伝いはうれしい！ すごく頼りになる！ 感謝してる！

でもな…

ママの仕事減らしてくれてるようで、そうでもないねん！

洗濯ものっていうのは、乾いたら早めに取りこんで、たたんで、タンスなりクローゼットにしまう。そこまでやねん！

洗濯もの取りこむだけとか、たたむだけ、で終わらないで！

お風呂も、子どものタオルや着がえを用意してくれると助かるー！

やって❻

シャンプーの詰めかえくらいしろ！

ママの本音１

せめて、せめて、これくらいやろうよ！

これくらいやってくれてもいいんちゃう⁉︎

簡単そうに見えるけど、これやると

意外と時間かかるし、両手がふさがるし

赤ちゃん泣きだしたときに、サッと行ってお世話できへんねん！

時間ないなか、大急ぎでお風呂入ったときに

シャンプーの容器が空っぽやったら、震えるねん…

寒いんじゃないよ？　怒りでじゃーー‼

少しでも時間と自由がある人が、シャンプーもリンスも

ボディソープも、洗剤も柔軟剤も詰めかえて！

＼やって❼／

追えー！
あの子を追うのだーー！

ママの本音1

公園やスーパー、お出かけ先で
あっちにチョロチョロ、こっちにチョロチョロ、
ちょっと目を離したすきに走っていってしまうのが子ども。
そんなあの子を追うのは、パパ、あなたの仕事だー！
ママはいつもやってるねん。
つねに目を光らせて、ガシッと捕まえてるねん。
何回もやってたらヘトヘトになるねん。
せっかくパパがいるときくらいは、サボらせて！
ママ、走るのしんどいねん！

やって❽

私たちを外に連れ出して！

ママの本音1

家にこもりきりだと気持ちが重くなることもあるし、
私たちだってほんとはいっぱいお出かけしたい！
でも、赤ちゃん連れだと荷物も多いし、すべてが子どもの機嫌に左右されるし、
どこに行っても気を使うし、ご近所以外にお出かけするのはなかなか腰が重い。
しかも、出かける前の準備が大変。
赤ちゃんのご機嫌をうかがいながらのメイクは至難の業。
だから、つい「えー、大変だよ」とか言って渋っちゃうかもしれない。
でも本当は、たまにはキレイにオシャレして
おいしいものも食べに行きたいんだよー！ **気分を変えるのも大事なんだよ！**
そのときは、**「みてるから、ゆっくり準備しておいで」って言ってくれ！**

座談会版 1 ママの本音

パパにやってほしい育児ベスト3

この本を書くにあたり、赤ちゃん子育て真っ只中のママの生の声を聞く「ママの本音座談会」を開催しました。そこでも本音がポンポン飛び出しましたのでここで紹介します！

1位 お風呂

ママコメント

「このときが唯一ホッとできる！」

「でも、上がってからの着がえも自分で用意してからお願いします！」

野々村コメント

「わかる！私も自分が入れることが多かったので、パパが帰ってきて入れてくれるお風呂タイムはミニオアシスでした」

2位 寝かしつけ

ママコメント

「日中も抱っこしているので腕がパンパン」

「子どもといっしょに寝てしまいたいが、そのあとの家事ができない」

野々村コメント

「そうそう！赤ちゃんは意外と重くてじっとしていないから、そこそこ腕に負担が。私も抱っこしすぎて腱鞘炎になり、病院に行きました…」

3位 夜泣き対応

ママコメント

「単純に睡眠不足！」

「たまには交代してほしい！」

「仕事で疲れているのはわかるけど、こっちも毎日はつらい！」

野々村コメント

「ホントこれ！うちはあまりに泣きやまないときは夫婦で起きて、娘をチャイルドシートに乗せ、近所を深夜ドライブしました。これでピタッと泣きやむから不思議！」

ママの本音2

やめて

やめて❶

パス禁止！ラク泥棒すな！

ママの本音 2

オムツは開くけど、かえるのは「おしっこ」だけ。うんちはママへパス。
抱っこはするけど、子どもが泣いたら「ママがいいんだってー」と
パスしてくるな！　そこは泣かれようが果敢に挑め！
あきらめるな！　最後まで責任もってやり遂げろ〜！
「ママのほうが上手だよねー」って、そりゃそうだわ！
こっちも毎日毎日、手探りで必死にやって慣れたからや！　慣れてくれ！
育児の「ラク」なとこだけもっていかずに、せめてパパがいるときくらいは
ママにラクなところだけ残してくれたらすごく助かるのよ。
頑張ったらパパでも泣きやむようになる！　そしたら安心してあずけられる！
わが子を自分の手で泣きやませることができたらすごくうれしいよ！

やめて❷

見えるところで昼寝すな！

うんうん、だからさ、わかる。わかるよ！毎日仕事で疲れてるんだよね。

こちらとしても、休みの日くらいゆっくりしてほしい。

でもさ、わざわざそこで寝る？そこじゃなくてもいいやん、邪魔やねん！

つーかね、こちとら赤ちゃん生まれてから3時間ずつしか寝れてなくてね…

慢性的な寝不足で、ただでさえイライラしてますねん…

だから、**こっちが昼寝したいんじゃ!! うらやましいねん！**

しかも、グースカグースカとよく寝すぎじゃない!?

いくらなんでももう回復したやろ!? かわってくれへん!?

あ！きのう、遅くまでゲームしてたよね！それや！その疲れやろ！かわれ！

寝るなら、せめて見えないところでゆっくり寝てー！

やめて❸

起こすなーー!

ママの本音２

やっと、やっとやっとやっと…寝かしつけたんやー!!
さっきまでの私の苦労を返せ！ あの大変だった時間を返せ！
なんか知らんけど赤ちゃんは基本的に「寝たら負け」とでも思ってるのか、
とにかく寝ないでおこうと頑張る生き物やねん！ 寝たらいいのに！
それを、抱っこしておんぶして、やっとこさ寝かせて、振動で起きないように
「これニトログリセリンでも取り扱ってんのか」ってくらい、
そーっとふとんに寝かせて、やっとやっとひと息ついて、さぁお茶でも…
そこに**普通に音出して帰ってくるなー！ 鍵をガチャガチャ回すなー！**
ドアをバタン！ と閉めるなー！ 外界の声のボリュームで話すんじゃなーい!!
ママの貴重なひと息の時間、奪ったらストレス爆発するぞ！ 気をつけて!!

やめて❹

自分だけ「ええもん」食べた話すな！

特に焼き肉な。高級すしもな。

いいよね。つきあいとかもあるしね。でもな、そんな報告いらんねん。

外食、行きたいな。行きたいけどなかなか行けないお店ってあるやん？

ジュージュー焼き肉なんて、何でも手を出す時期はヤケドが心配やし、

おすし屋さんとか大人のお店は赤ちゃん泣いたら迷惑だし…

だから、うらやましいんやー！

こっちだって肉食べたいんや!!　すし頬ばりたいんや!!

まぁ、パパが連れていってくれて、ずっと赤ちゃん抱っこして

「食べな食べな」って言ってくれるなら別やで？個室とかいいよね！

私だって、たまにはゆっくりおいしいもの食べに行きたいのよー！

やめて❺

やるやる詐欺はやめて！

ママの本音２

「やるやる」言うだけじゃなく、やってー!!

「あとでやる」じゃなくて、今やってほしいんじゃー！

こっちもあんまりうるさく言いたくないねん！

「言ってくれたら手伝うよ」じゃなくて、何ができるか見て自主的に動いて！

そりゃね、パパも毎日働いて大変だから、本当は家ではゆっくりしてほしい。

好きなことをしてリフレッシュもしてほしい。

でも、ひとりじゃ無理なときもある。頼みにくいときもある。だから、察してー！

何をしたらいいのかわからないなら、私がやっていることを「それやろうか？」とかわってくれたり、「何をしたらいい？」と聞いてくれ!!

そのあとでゆっくりしてくれたら、とてもやさしい気持ちになれるんやー！

やめて❻

ベテラン歌手ばりの勝手なアレンジすな！

ママの本音2

家事を手伝ってくれるのはいいけど、できるだけいつものやり方でやってー！

「こっちのほうがいいだろ」的な、**勝手なアレンジいらんねん！**

手伝ってくれるのはありがたい！

でも食器の場所や重ね方、変えないで！どうせ元に戻すねん！

往年の歌手が、ヒット曲をアレンジきかせて歌ってるようなもんやねん！

聞きたいのはそういうのじゃないねん、「いつものやつ」やねん！

やけに語尾をのばして歌うとか、変なとこでキー上げんでいいねん！

「あれが聞きたかったのになー」って残念な気持ちになるやん！戸惑うやん！

それくらいガッカリやねん！だから普通でいいねん！

やってくれるのはありがたいので、いつもどおりのやり方でお願いします！

やめて7

父親なのに、うるさそうにすな！

ママの本音 2

深夜でも早朝でも構わず泣くのが赤ちゃん。
何をしても泣きやまないときがあるのが赤ちゃん。
なかなか泣きやませられないこと、こっちだって気にしてるねん！
もし病気だったらどうしようって心配やし、
ご近所さん迷惑してるんじゃないか、苦情くるんじゃないかって
申し訳ない気持ちでいっぱいで、ビクビクしてるねん！
そんなとき、パパのあなたがうるさそうな顔なんて絶対しないで！
「大丈夫、大丈夫」って赤ちゃんもろとも抱っこしてくれー！
「どうしたんだろうね」っていっしょに心配してくれー！
唯一の、この子の親どうし、仲間じゃん、味方してよー。

パパに言われてムカついた言葉！

ママの本音座談会で、パパに言われて「ムカッ！」ときた言葉を聞いたところ、出るわ出るわ、言われた瞬間、白目になりそうな言葉の数々…悪気はないと思いたいが、アカンで！パパ！

1 共働きで、子どもが熱を出して保育園に行けないときに「俺は絶対仕事休めないよ」

ママコメント

「仕事先に謝るのはいっつも私ばっかり…なんか不公平に感じてしまいます」

野々村コメント

「奥さんも同じ気持ちで仕事しとるんじゃー！どっちの仕事のほうが大事とかない！たまには交代しろ！」

2 女の子が生まれて…「絶対に男の子は必要だよ」

ママコメント

「昔から主人は息子とサッカーをするのが夢らしいのですが、私に言われても困ります…」

野々村コメント

「女の子で悪いみたいに言うなー！サッカーやりたいだけやったら、女の子とでもいいやろ！ママに変なプレッシャーかけるな！」

3 子育てがいちばん大変なときに「今日は早く帰れる？」と聞いたら「今日、何かあるの？」

ママコメント

「何かないと早く帰ってきてくれないの！？ たまには早く帰って手伝おうって気がないの？ と、さすがにケンカになりました」

野々村コメント

「ごちゃごちゃ言わんと早く帰れー！赤ちゃんの子育て中は、毎日が協力プレイじゃないと乗り越えられんのじゃー！」

ママの本音3

聞いて

聞いて❶

びっくりするくらい どうでもいい話をするから 真剣に聞け！

ママの本音３

先に言っておくけど、ママはどうでもいい話をする！
今日あったことを、ただただ言いたいねん！
「今日無性に、福神漬けが食べたくて食べたくて、冷蔵庫をあけたら
あったんだけど、よく見たらしば漬けだった…っていう夢を見たんだよね。
で、結局、お昼にそうめん食べて…久々に食べたらおいしかった」
…とか、平気で言うからな！
帰ってきてひと息もついてないあなたに、背後から平気でまくしたてることもある！
でも、頼むから、ただただやさしく聞いてくれ！
あなたはその日、ママが会う唯一言葉の通じる人間かもしれない。
だから、その自覚をもって、どんなにしょーもない話でもちゃんと聞いて！

聞いて❷

とりあえず公園行っとけ!

ママの本音3

今日は子どもと遊んでくれるの？ え？ 家の中で…？

いやいやいやいや、とりあえず公園やろ。

何でもいいから、とりあえず公園行って！

家ではいつでも遊べるやん！

せっかくなんだから、子どもを疲れさせてきて！

公園に行っていっぱい遊ばせて、ヘトヘトになるまで帰ってこなくていいよ！

そしたら、子どもが今晩ぐっすり寝てくれるんや!!

公園行ってくれてるあいだ、ママもほっとひと息つけるんや！

あ、もちろん夏は熱中症対策と虫よけ、冬は防寒対策よろしく！

聞いて❸

「じゃあやらなくていいよ」って言うな！

ママの本音3

家事に手が回らん！と嘆いてる人に「じゃあ、やらなくていいよ」って言うな！

じゃあ、誰がかわりにやるねんーーー!!

「少しは休みたい」と言えば、「じゃあ休めばいいじゃん」

「一生懸命やりすぎだよ、もっと手を抜きなよ」…って、

うれしいけど、じゃあ誰かかわりにやってくれるのか!?

私が休んだら、誰かかわりにお弁当作って離乳食作って献立考えて買い物行って、

炊事、洗濯、掃除に洗いもの、クリーニングの受け取りから育児全般、その他雑用

全部やってくれるの？それなら思いきって休むわ！違うのよ！

「休みたい」「手が回らん」は、「ちょっとかわりにやってーー！」ってことなのよ！

部屋がかたづいてないとイライラするんじゃーー！せめて何かやってーー！

聞いて❹

ドラマ…? 映画…?
ラーメン!? はぁ!?

ママの本音３

へ～！　行ったんや？　いいよな！　いいよなぁ！　うらやましいなぁ！

私も、映画見に行ってラーメン食べたいわ！

家でソファに寝っころがって、自分のペースで雑誌めくったり、

おやつ食べたり、海外ドラマ連続で見たいっすわ！

おしゃれなカフェでゆっくりお茶もしたいし、

夜景を見ながら優雅にワイングラスも傾けたいわ！

でも今は、24時間つきっきりで

そんな自由な時間ひとつもないねん！

だから、**「たまには行っておいで」**って言ってくれ！

聞いて❺

たまには甘いものでも買ってきてくれていいんやで！

ママの本音3

え？ ダイエット？ まあ、一応してるけど…

でも、たまにならいいやん！

毎日、家事や育児を頑張っている私へのごほうびとして、

甘いものを買ってきてくれるとか、**好物を買ってきてくれる**とか

そういうことをたまにでもしてくれたら、

「あ、頑張ってるってわかってくれてるんだな」って、うれしくなっちゃう。

子育ても家事も、妻として頑張りたいし、

あたりまえのことなのかもしれないけれど、誰にもほめてもらえないと

しんどくなってしまう。

だから、**甘いものや甘い言葉を、たまにくれたら頑張っちゃうで！**

聞いて❻

グチったら、正論よりも寄り添え！

ママの本音3

グチったからって、すべての原因を解決しようとしなくていいねん！
「でもそれは」とか「こうしたら？」とか**真っ当な意見もいらんねん！**
何でもすぐに「結論」を求めないで、まずは吐き出させて！
育児に休みなし。
子どもはかわいいけど、リフレッシュや回復の時間がなければ、
日々の「しんどい」がたまって疲れきってしまう。
疲れきったら、普段はガマンしている弱音やグチが出てしまう。
そんなときは、ただただ話を聞いてほしい。
「そうだね、大変だね、頑張ってるね」って、寄り添ってくれたら
また、頑張ろうって思えるのです。

聞いて❼

キレイなママでいさせて！

ママの本音3

いいのか？　いいのか？
このまま睡眠不足と日々の疲れで、
女として見た目のレベル落ちて急に老けこんで
ヨレヨレのクタクタの嫁になってもいいのか？
もちろん、子どものことが最優先。
でも私だって、パパにそんな姿を見せたくない。
美容院もマッサージも行きたいし、化粧品も買いたいんや！
それには時間とお金と気力と、パパのやさしい言葉が必要なんや！
「最近ゆっくり美容院や買い物行ってないよね。
俺がみてるから行ってくれば？」って言ってー！

パパに言われてムカついた言葉！ 2

まだまだあります！ パパに言われて「ムカッ！」ときた言葉、パート2！ これまた、言われた瞬間、歌舞伎顔で髪の毛振りまわしたくなっちゃいそうな言葉の数々… アカンで！ パパ！

1 お出かけのとき、子どもに靴だけ履かせて車に乗せて「ねぇ、まだ？」

ママコメント

「こっちはオムツや着がえや飲み物、抱っこひもにベビーカーと、走りまわっているのに…パパは自分のことしか見えていない」

野々村コメント

「まだ？ じゃないわ！ 赤ちゃんのお出かけの持ち物の量、なめんなよ！ 用意どんだけあると思ってんねん！ 早く行きたいなら手伝えー！」

2 「テレビ見てるなら、ちょっとは子ども見ててよ」と言ったら「男って、ひとつのことしかできないから」

ママコメント

「なにそれ、です」

野々村コメント

「自分で言うな！ そういうのは奥さんが「しょーがないなぁ」と許してあげるときとかに言うんだよ！ 言い訳になってないねん！」

3 育児に疲れたので、実家に帰っていいか聞いたら「俺の夕飯どうするの？」

ママコメント

「私や子どもの心配は？ 大人なんだから何か食べれるでしょ！」

野々村コメント

「俺の夕飯？ 知らんわ！ お金も健康なからだもあるんなら、カップ麺でもお総菜でも、何でも食べて生きのびろ！ それより奥さんのサポートしろよ！」

ママの本音4

知って

知って❶

顔デカいねん！

ママの本音4

なんか、ごめんね。
毎日、ツルッツルでマシュマロ肌の超小顔の赤ちゃん見てるから、
急に帰ってきたパパを間近で見たとき、
すんごい顔デカく見えて怖いときあるねん！
「えっ!? 旦那ってこんなに顔デカかったっけ？」ってビビるねん！
え？ そんなん言われても困る？ まあそうやろな！
どうしようもないからいいけど、妻は「おかえりー」と言いつつ、
ひそかに**「うわ、顔デカ！ ウケる（笑）」**って思ってます（笑）。
ただそれだけです。

知って❷

においや汚れが前より何倍も気になるねん！

ママの本音4

まず帰ってきたら、せめてすぐ手を洗ってくれ！

こっちは赤ちゃんが病気になったりしないように、
できるだけ自分の手や、家のものを消毒して、清潔空間で育児をしてるねん！
毎日、赤ちゃんの何ともいえない、い〜い香りを主に吸って生活してるねん！
今日も一日働いてきた証の、ありがたいにおいというのはわかっています。
でも、わかっていてもすごく気になるの！
ましてや居酒屋のタバコやお酒のにおいが入り混じったモワ〜ッとか、
帰宅とともに空気清浄機作動させるようなやつ、持ちこんでほしくない！
理想は玄関からお風呂に直行だけど、お疲れならひと息ついてからでもいい！
とにかく、すぐにお風呂に入ってくれ－！

知って❸

手はそっちに曲がらんねん！

ママの本音 4

お風呂上がりや出かける前の着がえを手伝ってくれるのはすごくうれしい！

これをやってくれるだけでも、自分の髪を洗う時間や、

自分の準備する時間が確保できて、本当に助かる!! でもな…

人間の手はそっちには曲がらんねん！

赤ちゃんの着がえは、力業じゃないのよ、

相手の自然な動きをうまく利用して、**そーっと袖や足に通すのよ。**

しかも、なんかヘタやなぁ。あぁ！ ひもはそことそこを結ぶんじゃない！

ボタン、1個ずれてる！ あぁ！ 裏表逆やん！

あと、いつになったらロンパースのしくみを理解するねん！

まぁ、最初は難しいけど、**練習したら必ず慣れる！ 頑張って！**

知って❹

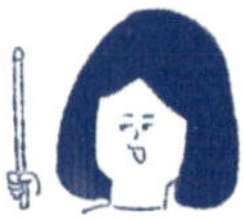

勝手に子育てブーム落ち着くな！

ママの本音４

言っておくけど、「子育て」はずーっと続くよ！

勢いで「俺もやる、まかせろ！」とか言っちゃって

勝手に盛り上がって子育てブーム到来させて

最初のほうだけ手伝って、

途中から自分の中で満足したのか、飽きたのか、

無理しすぎてしんどくなったのか

向いてないと思ったのか、知らんけど

いつのまにか勝手にブーム去ってってんじゃないよ！

無理しなくてもいいから、**できることを**

長～く継続してやってくれたほうが助かるねん！

知って❺

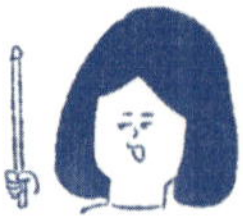

どうせ寝るなら、寝かしつけてくれー！

おっぱいミルクは腕に頭のせて、寝れずにグズグズなら抱っこでスクワット！
抱っこがダメなら、おんぶで飛行機ー！ グズれば高い高いもはさみつつ、
縦抱き・横抱き・斜め抱き、また抱っこスクワーーット！
こんなこと何度もしていると、夜にはね…腕がパンパン、ギシギシなるんやーー！
はっきり言って、日中はほぼ寝かしつけのために生きているんや！
寝かしつけで疲れて、夜には余力残ってないんやー！
しかも、過酷な夜の寝かしつけのあとには、家事が待っていることもある。
だけど、最も疲れている時間帯なので、添い寝しているといっしょに寝てしまう！
そう！ いつも気がつけば、まぶしい朝なんやー！
パパ、家事ある？ 寝ても支障ないやろ？ じゃあ、いっしょに寝てー！

知って❻

太ったんじゃない、仮の姿や！

絶っ対に言うなよ！
産前産後の嫁に**「あれ？　太った？」とか禁句も禁句。**
腹の肉つかむとか論外やからな。
歩くたびに「ドスン、ドスン」とか口で効果音もいらん！
そんなん何もおもしろくないからな！
いちばん気にしてるのはなぁ、本人じゃー！
子どもを産むために、なんやかんやでこうなったんじゃー！
そのうち（たぶん）元に戻ってくるから待って！
数年たっても戻らんこともあるけれど、戻ろうとはしてるので
「努力しているうち」はやさしく見守ってー！

知って❼

評価して（高めに）！

ママの本音4

子育てや家事って、仕事ではないよね。
仕事じゃないけどさ、毎日毎日必死に試行錯誤しながらやってるのよ。
もし必死に仕事して、誰も何も評価してくれなかったらイヤじゃない？
自分、何してんのかな？って、やる気なくなるときもあるんじゃない？
初めてのことでオロオロしながら、神経使って、体力使って。
なのに、どれだけ頑張っても、誰にも感謝されず、
あたりまえみたいな顔されて、朝から晩までヘトヘトになってたら、
もう好きなことでも、嫌いになっちゃう日もあるんじゃない？
でも「頑張ってるね」って言われたら、
それだけで「よし！」ってなる日もあるよね！

パパにやってほしい家事ベスト3

ママ座談会で、「子育て中に、これをパパにやってもらえたらすごく助かる！」という家事を聞きました。ただし、最初にひと言つくところが、まさに本音です！

1位 あとかたづけまでの「料理」

ママコメント

「料理をやって、あとかたづけまでしてくれたらすごく助かる！」

「キッチンをなるべく汚さずにできるならお願いしたい」

野々村コメント

「そう！ 育児中は、料理がいちばん難しい！ キッチンは危険だらけ。おんぶしたら危ないし、部屋に放置したら泣いちゃうし、ママはあせって集中できない！ 料理は無理でも、何でもいいから手伝ってー！」

2位 完ペキな「食器洗い」

ママコメント

「食器洗いをしてくれるのはうれしいけど、ちゃんと油汚れも取って！」

「手伝ってくれても、シンクまわりやマットがビショビショとかはイヤ」

野々村コメント

「どうせやるなら気をつけてやってー！ ママがもう一回全部洗い直してキッチンのふき掃除とか、いやがらせやないねんから！」

3位 早めの「ゴミ出し」

ママコメント

「もっと自分から進んでやってほしい」

「やるならゴミ箱に新しいゴミ袋をセットするところまでやって！」

野々村コメント

「そうそう！ 特にオムツが入っているゴミ袋は出し忘れたら地獄やでー！ 早め早めにお願いします！」

ママの本音番外編

パパの本音を探る！

パパ芸人座談会

ママの本音を知ってもらいつつ、パパの本音を探るため、パパ芸人座談会を開催！ テーマ別に子育てに対する気持ちや思いを赤裸々に語ってもらいました。

司会　野々村友紀子（夫・川谷修士）

参加メンバー　川谷修士（2丁拳銃）
小6・小4の2児のパパ

小堀裕之（2丁拳銃）
高1・小6・小3・4歳の4児のパパ

庄司智春（品川庄司）
小1・3歳の2児のパパ

尾形貴弘（パンサー）
8ヵ月の1児のパパ

※お子さんの年齢・月齢は座談会当時のものです。

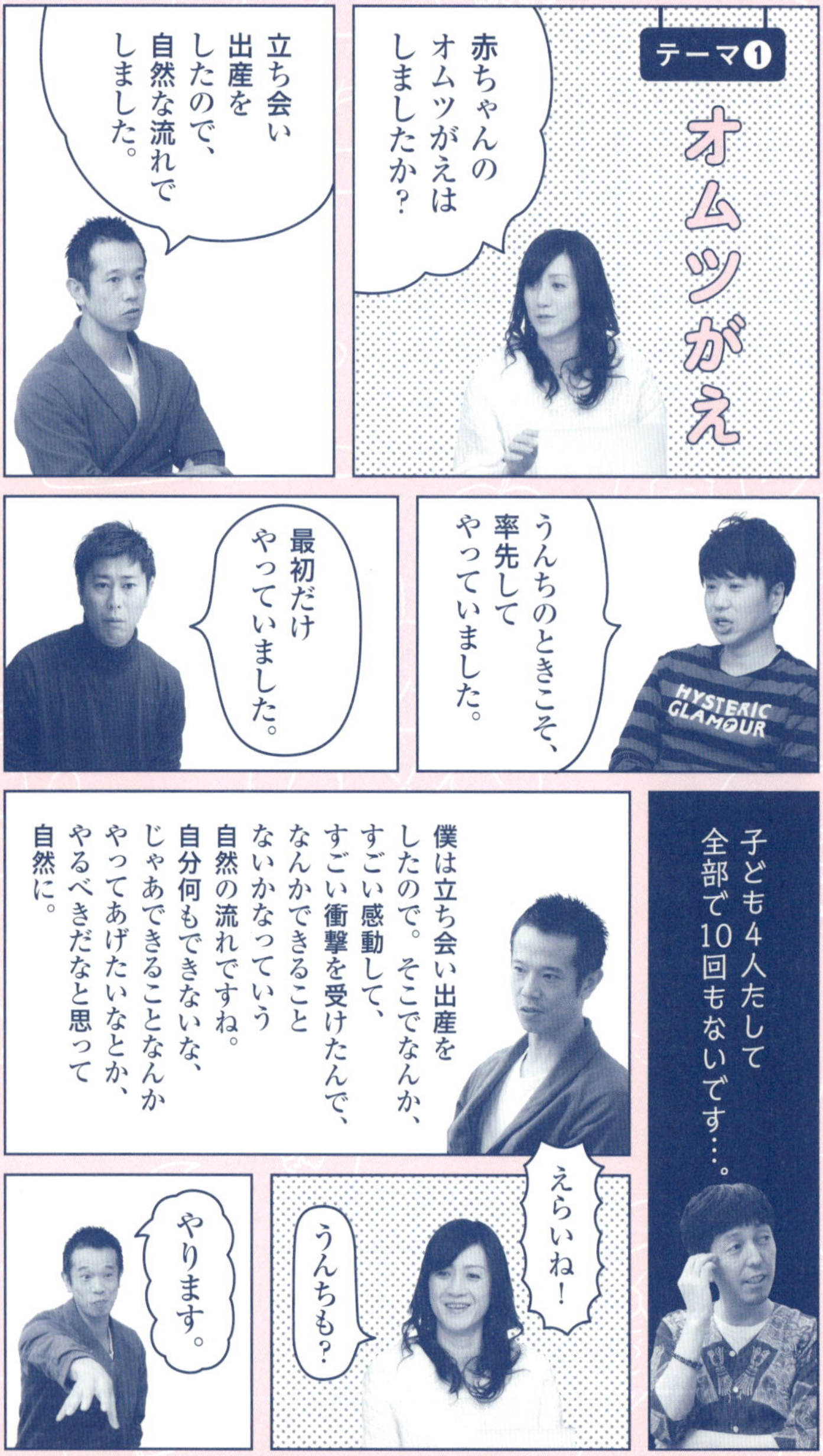
テーマ1
オムツがえ
赤ちゃんのオムツがえはしましたか？

立ち会い出産をしたので、自然な流れでしました。

うんちのときこそ、率先してやっていました。

最初だけやっていました。

子ども4人たして全部で10回もないです…。

僕は立ち会い出産をしたので。そこでなんか、すごい感動して、すごい衝撃を受けたんで、なんかできることないかなっていう自然の流れですね。自分何もできないな、じゃあできることなんかやってあげたいなとか、やるべきだなと思って自然に。

えらいね！

うんちも？

やります。

野々村　庄司くんはいいパパやね！

庄司　できるかぎり、やっている感じですね。奥さんから見てどうなのかは、ちょっとわかんないですけど。

野々村　小堀くんはオムツがえの経験は？

小堀　子ども4人たして、全部で10回ないと思います…。

庄司　すごいな。それ、「やってたまるか」みたいなことなんですか？

野々村　修士くんなんか「かぶれるから」って、ふくだけじゃなくてお風呂場行ってお湯でおしり洗ってきれいに乾かして。率先して「あ、うんちか、よっしゃ」ってパーッて抱えて。

小堀　娘は特に。無理やった、なんか。

庄司　なんで娘、イヤなんですか？

小堀　いや、「女の人や」と思って。

野々村　何それ！なんかそういうのって気持ち悪い！

修士　ほんまやで。逆に気持ち悪いねんな、それ。

尾形　僕も最初はやってたんですけど…。やっぱ、ちょっと照れちゃいます。なんかあまり見ちゃダメなのかなって。でも、僕はオムツがえできないぶん、休みの日とかはずっと遊んでます。そこで帳尻合わせてるんです。

野々村　それはえらいけど、オムツもやったほうがいいよ。

庄司　年老いたときに娘に介護してもらえないよ。めぐりまわってくるからね。

修士　じゃあ小堀なんか、4人もおるのに、誰もやってくれへんやん。

小堀　大丈夫。そこだけは言うてる。世話しろよと。介護はせなあかんもんやぞって。

野々村　よく言えるな。子育てせんのに、介護要求するって最低！

小堀　きょうだい、別に仲悪くてもええから、そのときだけはみんな仲ようなって集まって。

尾形　それはズルいですよ。

野々村　うんちのオムツをサラッとかえられてこそ、イクメン！パパにもそこは頑張ってやってほしい！

テーマ2
沐浴・お風呂
子どもをお風呂に入れていますか？
家にいるときは必ず入れてたね。
もちろんです。さすがに小堀さんでもやるでしょ？
僕？いや…ないわ。
……
僕も、1人だと怖いんで無理ですね。
沐浴はないです。

野々村　小堀くんは、「沐浴」って言葉も言い慣れてないもんな。今、口から初めて出たな。

庄司　本当に!? いくらなんでもありません?

小堀　里帰り出産で、嫁と子どもは3ヵ月間ぐらい帰ってこないから。そもそも会えてない。

野々村　ここの場合はたぶん、奥さんも最初からパパに期待してないな。

小堀　長男のときに首すわってから、1回入れたことはあるけど、ミスって沈めたんよ、ブクブクッて。それで怖くなって、僕やめとくわって。向いてないって。

尾形　僕もないですね。嫁さんといっしょに3人でっていうのはありますけど、僕1人だと危ないし、怖いんで…。

野々村　そういうのは慣れやん! 最初は失敗しても、何回もやってるうちにうまくなるし、慣れるよ。

庄司　そうそう。全然、大丈夫。

尾形　本当すか。

庄司　うちも最初は泣きわめいたけど、それも自分で上手にならなきゃな、と。僕は、謝りながら入れてた感じです。「ごめんな、ごめんな。もうちょっとで終わるからな、ごめんな」って。

野々村　すばらしい。パパも乗り越えないと。ママもいっしょやからね。最初は泣かれたりするけど、それであきらめてる場合じゃない。ママだからって、全部最初からできるわけじゃないもん。修士くんもだんだん上手になっていったね。

修士　だんだん、気持ちいい顔がわかってきたりとか。

野々村　そしたら、すごく「やりがい」が出てくるみたい。パパがお風呂入れてるときが、唯一ママが休める時間ですからね。

庄司　1人になれる時間っていうことですか?

尾形　ほんと10分でも20分でも、パパがお風呂入れてる時間にひと息つくのが幸せな時間。もちろん、いちばん幸せなのは子どもと過ごす時間だけど、一日じゅう気を張ってるから、そういう気がぬける瞬間はとても大事なんです!

テーマ❸
寝かしつけ
家にいる日は、抱っこやおんぶで寝かしつけていました。

寝かしつけは？

HYSTERIC GLAMOUR
やりました。できない日は、帰宅したとき起こさないか確認してから帰っていました。

あります。でも寝そうになったら、ついかわいくて起こしちゃいます。

ないです…

寝かしつけって、抱っこしたりウロウロしたり体力使う大仕事なので、パパにやってもらえたらすごく助かるのよ。

家にいるときはやりました。

ママの意見で多いのが、せっかく寝かしつけたのにパパが帰ってきて、「よしよし」とかチューしたりとかして、起こしちゃうから腹が立つ！と。

尾形　それ、僕、奥さんにめちゃくちゃ言われます。
野々村　起こしちゃうの？
尾形　帰ったら、やっぱチューしたいじゃないですか。
野々村　また寝かせるの大変なのよ。寝かしつけはやったことある？
尾形　寝かしつけはあります。でも、寝そうになるとかわいいから「あ、寝そうになってる！」って言って起こして、それの繰り返しになっちゃうんですよね、かわいくて。
庄司　何やってんの（笑）。
野々村　なるべく静か〜に帰ってきてくれないと。ガチャガチャ、バーン！「ただいま」とかって堂々と帰ったらダメだよね。
尾形　でも、サプライズで帰りたいんですよ。
野々村　いらんねん、サプライズ。
小堀　声もデカいんやろ、どうせ。
野々村　修士くんはそれはしなかったけど、唇が分厚いから

か、「やっと寝た」っていう安心感で、「ふぅー」ってため息ついたら、「ピューッ♪」って口笛吹いてしまって。その音で起きちゃったことはあるね。
修士　びっくりしたわ。
尾形　かわいいですね。
修士　立ち会い出産で「ヒーヒーフー」のときも、「ヒーヒー、ピューッ♪」って鳴っちゃって、「やめて、口笛吹くの」って言われた。
庄司　僕は起こすと悪いから、そろそろ寝かしつけのころだなってタイミングに帰宅するときは、「今、どんな感じ？」ってＬＩＮＥで確認してました。
修士　えらい！
尾形　そこまでやりますか。
野々村　そういう気づかいは、ママからしたらすごくうれしい。添い寝をしていても、ママは寝かせたあとに家事とか残ってて、そのまま寝れないことが多い。だから、寝落ちしてもいいパパがしてくれたら助かる！

テーマ4
遊び
子どもと遊んでいますか？

娘と遊ぶのが大好き！時間があるときはずっと遊んでいます！

公園にもよく行くし、絵本の読み聞かせもたくさんしました。

子どもが喜ぶ単純な遊びを何度も繰り返ししました。

何して遊んだらいいのかわかりません…

僕はオムツがえはできないけど、とにかくかわいがります！だから早く帰って、起きてるときに会いたい！

8ヵ月だと、どんなことして遊ぶの？

からだを使って遊ぶのが得意なので、家でYouTubeの動画で踊ったり、おもちゃを使って遊んだり、リンボーダンスをしたり、つねに笑わせています。

庄司 でも、いっしょの空間だと、ママは休めないんじゃないですか？ 遊んでくれてるけど、大丈夫かなって心配したり。

尾形 遊んでいる時間、休んでますよ。

野々村 いや、声とか聞こえると、いろいろ気になって本気では休めないよ。それなら外に行ってほしい。

小堀 僕は、子どもとどうやって遊んでいいのかわからへん。だから、自分のコントとか漫才見せたり、自分で作った曲を聞かせたりしています。長男が最初に覚えた歌が、僕ら2丁拳銃の「青春デストロイ」っていう曲。2歳ぐらいで「青春デストロイ！」って歌ってたわ。

野々村 それ奥さん、めっちゃ迷惑してたで！ まだ青春もしてないのにデストロイって。

庄司 すごいな。

野々村 どうやって遊んだらいいかわからんっていうパパはけっこういると思う。修士くんは、おなかに「ぶー」ってしたり、「いないいないばあ」してたら、子どもがめっちゃハマった。クッションで顔隠して出てくるだけでゲラッゲラ笑うよね。

修士 赤ちゃんのころって単純な遊びが大好きやから、何回もやったね。

庄司 困ったときは読み聞かせをしたらいいみたいです。話しかけるのは、単語のパターンがなくなって限度があるから。言葉をずっと読んであげると、言葉を覚えるのも早くなるらしい。けど、僕よくかむから、奥さんに「もう読み聞かせしないで。かみ癖がついちゃう」と言われたことはある（笑）。それでもするようにはしてました。

修士 読み聞かせはいいよね。読むときは、感情入れんと読んだほうがいいって聞いたことある。わざと淡々と読むほうが、その言葉自体の意味というか、それが入るとか。

野々村 ママって基本疲れているから、からだ使った遊びをする元気がないときがあるから、わからんからって何もしないよりは、そうやって何かできることをしてほしい。パパが公園に連れてってくれたりしたら、すごく助かるんです！

テーマ5 自分のことは自分で

自分のことは自分でできていますか?

まあ、できてるかな?

できていると思います。

僕は、着るものはすべて靴下まで、朝起きたら嫁が用意してくれています。

僕は、タンスから服を出したら、閉めることもしません。

子どもが小さいうちは、せめて自分のことくらいはやってほしいのよ。大きい子どもがもう1人ふえたみたいなのが、いちばん困る。

どこに何があるかわかっていないパパも多いからね。

「これ、どうすんの?ママー」「あれ、どこやった?ママ」みたいなのはダメですね。

尾形　僕は、朝起きて、嫁がTシャツとかも全部持ってきてくれるんです。靴下も。

庄司　その日に着るものを何から何まで選んでくれるの？

尾形　そうです。それを着ていく。アパレルをちょっとやってたんで、そういうのが好きみたいで。

野々村　好きでやってるなら全然いいんじゃない？でも、もし奥さんが体調悪くなったときに、何もできないと困るよね。たまに「おい、俺の飯どうすんだよ」みたいな旦那さんがいるって聞くやん。さすがにそれはない？

尾形　それはないですね。ぐあい悪いときは、休んでてと。

小堀　僕も、そこは大丈夫。もともと何もしてもらわなくても怒らないし、自分も何もしない。ごはんも服たたむのもできないし、タンスも閉められない。

庄司　どういうことですか。

小堀　タンス開けて服取るやん。それでもう終わりやねん、僕の仕事は。

野々村　奥さんがあとで閉めるんやって。で、一番上から開けたら、次の段を開けるときに上を閉めないといけないから、下から順番に開けていくようになった。これは、泥棒と同じやり口。

修士　泥棒といっしょ。

野々村　そもそも子育てもなにも、小堀くんは家にほとんど帰ってこないから。でも、全員まっすぐに育って。長男は、もうしっかりした高校生やからね。

尾形　最高じゃないですか。

小堀　反面教師なのか、長男はすごく勉強しますし。「こんなんなったらあかんな」と思ってもらったほうがいいかな、っていうのはちょっとありますね。

庄司　いい距離感なのかな。

小堀　こないだ、長男と飯食うてたら、「自由に生きて、ええ人生やな、楽しいやろ」ってポンッてされて。「ママでよかったな」って言われました。

庄司　でも、しっかりした子に育てるには、こういう生き方を見せるのもいいと思うんですよ。あんまり干渉しすぎて、言いすぎるのもよくないのかなって思うときがあるんです。こうは生きれないですけど（笑）。

テーマ6 いざというときのために

子どもの保険証の場所やかかりつけ医、知ってますか?

もちろんです。予防接種もよく行きました。

すべては把握できていないと思うけど、ある程度は。

下の子が小さいうちは、上の子を病院に連れて行くのは僕の役目でした。

わからないです。

ママ座談会で、パパが協力してくれないという人は、「もし私が死んだらどうするの?」ってつねに不安に思っているという意見が多かったです。

なるほど。

何もないに越したことはないけど、もしパパだけのときに子どもがケガしたり、何かあったとき、どこに連れていけばいいのか、保険証はどこにあるのか、くらいは把握してたほうがいいよ。

修士　保険証や母子健康手帳が入ってる棚は知ってる？

尾形　わからないです。

野々村　ママが動けないとき、パパは子どもが使っているオムツのメーカーや、かかりつけの病院を知っているのか？　皮膚科や耳鼻科、健診に予防接種、いろいろあることを知っているのか気になります。

修士　予防接種、めちゃめちゃ打たなあかんねんで。

尾形　そうなんですか？

庄司　僕は、すべてを把握できていないと思うけど、ある程度はわかります。

尾形　病院の場所とか、全部？

野々村　病院着いてからも聞かれるよ、何グラムで生まれましたか？　血液型は？　黄疸強かったですか？　とか。生まれたときの状態も。黄疸とかわかる？

尾形　わからないですね…。

小堀　僕は、子どもを病院に連れていく役はしていました。やっぱ聞かれましたね。「いつ熱出ました？」とか「何日前から？」とかね。「いつ吐きました？」とか、

わからへんから困りました。

野々村　オムツのメーカーとか、どれくらいあるか知ってる？

尾形　2社ぐらいですかね。CMで見て。

野々村　いっぱいあるねんで、メーカー。子どもによって、合う合わないもあるし。そういうお買い物とか、いっしょに行ったりとかしてる？

尾形　行きます。おもちゃ買いに行ったり。オムツは、大型スーパーで大量に買って、持つのを手伝います。

小堀　買い物はあんまり行ったことないです。赤ちゃん用品店には、1、2回は行ったことあるかな。

尾形　あれって結構な大きさ、荷物ですよね。

小堀　家、マンションの3階で階段なのよ。だからそれは、「下まで取りに来て」って呼び出されたら重いのは持ってたよ。

野々村　そんなんあたりまえ！　呼び出される前に行け！　買い物にいっしょに行ったらわかることも多いし、ママもパパに感謝できて家族の絆も深まるのでオススメです。

テーマ❼
自分のイクメン度は何点？
最後に、自分のイクメン度に点数つけるとしたら何点ですか？
僕は、70…やっぱ、78点にします。
僕は、60点ぐらいですかね。
最近はどんどんおまかせになっているので、50点にしましょう。
HYSTERIC GLAMOUR
15点かな？

尾形　僕は、70…やっぱ78点にします。僕は遊ぶ専門で本当に。娘に愛というか、そういうことを教えたいというか。嫁さんには本当に感謝してるんですけど、それが子育てなんじゃないかなと思ってます。

庄司　一生懸命遊ぶっていうことね。いいと思いますよ。

野々村　庄司くんは？

庄司　僕は、そうっすね、60点ぐらいですかね。

尾形　ちょっと待ってくださいよ。庄司さんで60ですか。

庄司　やれることはやってますけど。でも、やっぱり頼りきってる部分はあるから。全部僕にまかせろっていうところまでは、できてないのかなとは思いますね。

野々村　オムツもかえて、ちゃんとお風呂に入れていろいろやって60点とは謙虚！　修士くんは？

修士　どうでしょうね。赤ちゃんのころはちょっとやってたような気もするけど、今、小学生の高学年になっていったら、どんどんおまかせになってるので、奥さんに。だから、全然ですね、今、僕は。

野々村　いやいや、修士くんは十分協力してくれています。

修士　いや。奥さん死んだら、いちばんテンパるの僕やからな。どうしたらいいんやろうって。それぐらいおまかせしてますからね。50点にしましょう。

野々村　50点。庄司くんも修士くんも謙虚ですね。

尾形　修士さんで50点。僕78点？　やばくないですか！

庄司　尾形は、8ヵ月っていうのもあるかもしれないね。

野々村　小堀くんは。

小堀　20点。15かな？

野々村　15点？　えらい高めに言うたな！

修士　「0点です」、とかって言うんかと思ったら15点。

小堀　でも、ちょっとはやってるんで15点ぐらいはいただきたい。

野々村　ちょっとって何やったっけ？

小堀　プール入れたり…水着着てますよ、僕。

野々村　なんじゃそれ！

修士　お前は5点や。

テーマ8

奥さまからの点数は？

実は、それぞれの奥さんにも点数をつけてもらっていますので、それを発表します。

尾形　えっ！

庄司　そうなんですか、知らなかった。

野々村　パパに対する育児の不満などもアンケートで聞いています。まずは尾形くん。奥さんが何か不満があるとしたら何だと思いますか？

尾形　やっぱ、よく言われるのは寝ているときに起こしちゃうことですかね。

野々村　正解です！　奥さんもこう書いています。「やっとの思いで寝かしつけたのに寝ている娘にチューしたり、語りかけたりして起こしてしまうこと。気持ちはわかりますが、勘弁してくださいと思います!!!!!」。びっくりマークが5個ついています。

尾形　5個!?　やばいな。

野々村　パパの育児について。「いっしょにいるときは、とにかくたくさんあやしてくれたり、抱っこしてくれたりしてうれしいのですが、オムツがえなどのお世話は消極的です（笑）。それまで抱っこしていても、ブリッとした瞬間に『はい』と連れてきます」だって。それ、いちばんあかんねん。うんちバトンタッチ。

修士　あかんで、あれは。

庄司　このあと、トイレトレーニングとかもあるからね。それもちゃんとつきあわないと。

修士　そうそう。あれも大変やからね。

尾形　わかりました、やります。

野々村　では点数。尾形くんの自己採点では78点でした。奥さんの点数は…「50点」です！

尾形　うわ、恥ずかしい！

野々村　「愛情表現、100点」からの「オムツがえできない、50点引きました」と書いてらっしゃるので、オムツがえしたら100点。

尾形　します、僕。してみます、ちゃんと！

野々村　「愛情表現は、私も見習いたいくらい完ペキ。娘も笑顔が多く、本当に幸せだなと思います。ただ、お世話をするということも、もう少しだけいっしょに頑張ってほしい。これからごはんを食べるようになったら、うんちももっと立派になってくるので、今のでびっくりしてたらダメです、パパお願いします」とのことです。

尾形　いや、めっちゃうれしいですよ。ちゃんと見てくれてるというか。こういう機会で、またひとつ家族がグッと近くなった感じがします。本当に、オムツがえもちゃんとします。

野々村　でも、尾形くんが自分で言っていることと、奥さんのコメントがちゃんとリンクしてるから、通じ合ってるってことですよね。

庄司　いい家族なんだよ。いい夫婦なんだよ。

尾形　ありがとうございます。頑張ります。

野々村　では次は、庄司くん。

庄司　はい。どうなんだろう。

野々村　パパの育児について。「できることやできるタイミングで参加してくれています。子どもと遊ぶ、子どもを連れて出かけてくれることは助かります」だって。やっぱりちゃんと見てくれてるね。

庄司　うれしいですね。

野々村　育児の不満は、「基本的には協力をしてくれますが、筋トレ中は邪魔されたくないのか、私が話しかけても、子どもが話しかけても答えてくれません」ってあるけど！

庄司 いやいや。めっちゃ恥ずかしいな。

野々村 どういうこと？ なんで返事しないの？

庄司 集中しちゃって…回数がわかんなくなっちゃうんで。

修士 筋トレしながら数えてるからか。誰が声かけても無理なんですね、じゃあ。

野々村 なるほどね。イクメン度でいうと何点か。庄司くんは自分で60点って言ってましたが、奥さんの点数はなんと…「86点」です！

庄司 86！ 6って、なんすかね…。

修士 でも高いですよ。これは。

庄司 100点になれるようにもっと頑張ります。

野々村 ちなみに、奥さんがパパにひと言文句を言いたいことは、「筋肉より、私たちを見ろ！」だそうです。

庄司 そうですよね、でも育てていかなきゃいけないのがもうひとつあるので…。

野々村 子どもも筋肉もいっしょに育てるのはいいけど、無視はしないように。

庄司 気をつけます！

野々村 では、小堀くん。

小堀 はい。

野々村 パパは育児に自分から積極的に参加してくれますか？ と、奥さんに聞いたら「まったくです。長男が生まれたとき、病院に来たのですが、私も産んで5時間ぐらいしかたってなく、フラフラだったのに『全然寝てないから』とベッドを取られ、ずっと寝ていた、悲しかったです」。産んだばっかりの奥さんのベッド取る？ 鬼やな。

修士 奥さん、すごいこと成し遂げたあとやのに。

野々村 パパがしてくれて助かる育児は？ と聞きましたら、「にもつもち」。ひらがなで、にもつもち。

修士 どっかのおみやげみたいですね、にもつもち。

野々村 「長男が8ヵ月くらいのとき、3人でお出かけしていて、私が長男を抱っこし、荷物を持ってベビーカーも押しているのに、パパは手ぶらで先を歩いていた。荷物持ってくれる？と言ってキレると、『なんで怒ってんの？』と不思議そうにして、そのとき この人に期待するのはやめよう、ひとりで頑張ろうと思いました」だって。

修士 これはダメですね。

野々村 長男が8ヵ月のときやから、まさに尾形くんのお子さんと同じやね。こんなんある？

尾形 あり得ないですよ。だって、僕はどっちかというとずっと娘を抱っこしていたいですから。

野々村 イクメン度でいうと、旦那さんは100点中何点ですか。「0点」。

小堀 15点はくださいよ！

野々村 15？ よう言うたな、自分で。しかも最初20点言うてたやろ！

小堀 下げたのに。

修士 0点です。

野々村 パパに言いたい文句は、「何もないです」だって。これ、いちばんあかんやつ。言ってもムダやから、もう期待もしたくない、っていう「何もないです」。

庄司 逆に重いですね。

尾形 危ないですね。

修士 あきらめたんやね。

尾形 あきらめられたら終わりですからね。

庄司 怖い怖い！

小堀 でも、文句言わせてないって、僕すごくないですか。

野々村 いや、あきらめてるだけやから！

修士 ほんま、みんなできることやってるのに。

小堀 でも、庄司がこんなにやってるとは全然知らんかった。実は、この座談会のメンバーに庄司のこと推薦したの僕やねんけど、どっちかというと僕寄りやと思ってたから…ちょっとでも自分がマシに見えるように呼んだのに。

修士 庄司は全然おまえ寄りじゃないやん、ええパパやん。

小堀　推薦せんかったらよかった！

野々村　でも私も正直、ちょっと意外でした。そこまで育児しているイメージがなかったから、なんか申し訳ないくらい。

小堀　奥さんにまかせきりのイメージがあったのかな。

庄司　頼ってるところは頼ってるんですけど、できるところまではやろうかなと。子どものことに関しては、けっこう入ってますね。小堀さんみたいに、ちょっと無関心のほうが子育てとしてはいいのかなと思うぐらい入っちゃってます。

野々村　たとえば？

庄司　宿題とかも、横についてみっちり見てます。あんまり口は出さないようにはしてるんですけど。頭よくなってほしいとかじゃなくて、与えられたものをちゃんとこなせる人になってもらいたいんです。

野々村　あんまり口は出さんけど、しっかり見守ってるっていう、それってすごくいい子育てだと思いますね。

修士　「宿題やっとけよ」って言うだけじゃないってことですね。「見てるよ」って、いっしょに見て。

庄司　ついきのうも、漢字のテスト100点取ったって。だから夜、絵を描いてあげて。うれしかったよ、みたいなのを。

小堀　めっちゃ、ええパパやん。

修士　すげえな。100点やん。

野々村　100点やね！　尾形くんもオムツかえたら100点になるし。

尾形　もう今日で変わります！

庄司　でも全力で愛情表現して、全力で遊んであげるって、すごくいいパパだよ。

野々村　ほんと。あとはバトンタッチをなくすことね。泣いたときもバトンタッチしてない？　「はい、泣いたよー」とか。

尾形　大丈夫です！　泣いても自分でどうにかするようにしてきたので、もう慣れて僕だけで泣きやませられます。

野々村　それはすごい！　泣かれても、わからなくても、乗り越えないとダメやね。オムツがえとかも最初、イヤかもしれないけど、慣れて乗り越えて、パパもママも同じぐらいできるようになったら、たぶん世の中もっと楽しく子育てできるようになると思うので。

尾形 頑張ります！

野々村 みんなレベル高いね。ちなみに修士くんも、大変なことほどいろいろ率先してやってくれたので100点ですよ。

修士 いやいや、もっと頑張らないと。

小堀 僕は無理やな、100点は。

尾形 ここから変わればいいじゃないですか。

小堀 0点なんでね、たし算じゃまず無理やから、かけ算ぐらいの感じで。

修士 ゼロに何かけてもゼロやんけ。

小堀 ほんまや…。

庄司 でも4人の父親ですよ、すごいっす。

尾形 めっちゃうらやましいっすよ。絶対楽しいです。

野々村 今日は、パパの意見もママの意見も聞けてよかった。夫婦お互いに参考にして、それぞれの家族がより幸せになったらいいなと思います。

庄司 そうですね、ママが機嫌いいほうが絶対いいもん。

修士 ほんとそう。いいこと言ったね。

野々村 家庭の太陽ですからね、ママは。ママがくもり顔だと家庭は暗い。ママはいつも笑っているほうが、絶対いいんです。だから、パパにはできるだけそれをサポートしてほしいなと思います、大変だと思いますけど。

庄司 いいえ。

尾形 頑張ります。

野々村 みなさんこれからも育児、頑張ってください。今日は、ありがとうございました。

修士 いいパパなんだね。みんな。小堀以外。

野々村 小堀以外な！

小堀 もう少し頑張ります！

パパ芸人座談会
こぼれ話1

運動会

パパ座談会では、赤ちゃんのときの話だけでなく、子どもが少し大きくなってきてからの話でも盛り上がりました。まずは、運動会のお話。芸人パパたちもそれぞれのスタイルで、わが子を全力で応援しているみたいです！

庄司

パパが出る競技もあるので、動けるように準備していきますね。本番までに子どもといっしょにかけっこの練習したり。若いパパも多いので負けてるところを見せたくない。走る練習は、細長い紙を子どもにしっぽみたいにつけてやったりしました。

尾形

うちはまだ赤ちゃんですが、僕もずっとサッカーやってたので、パパが頑張る競技には絶対に出て活躍できる自信があります！ めちゃくちゃ張りきりますよ！

修士

うちはそういう競技はないけど、父親の仕事として場所取りのために朝の6時から並んだりはよくしたね。場所によって日光にあたりっぱなしや砂埃が多いところで待機したり、弁当食べたりすることになるから、運動会は場所が命！ 開門と同時に走っていってシートをバーッと広げるねん。ときには、ママ友のシートも預かって敷きまくる！

庄司

僕は写真撮るときに、自分の子だけじゃなくママ友の子どものぶんも撮ってあげました。違う角度で撮った写真とか喜んでくれるんですよね。

小堀

僕は、二日酔いでも、子どものために応援に行きます。しんどすぎて運動場のすみっこで寝てしまうこともあるんですけど…。

野々村

寝るな！ そもそも前日にそこまで飲むな！

自転車の補助輪はずし

初めて補助輪をはずして自転車に乗れるようにするのって、けっこう大変。子どもにとっても親にとっても、卒乳、トイレトレーニングの次に大きな挑戦じゃないでしょうか。

修士

うちは娘2人とも、俺がはずしました。自転車の後ろをもって何度も何度もいっしょに走って挑戦して、挫折しそうになったら「大丈夫、大丈夫！」って励ましたり、たまにちょっと厳しく言ってみたり。それで、子どもが怖さやしんどさを乗り越えてやっと何十回目かでひとりで乗れるようになる。「パパ！見て！」って、ひとりでこいで走っていくあの瞬間…感動したなぁ。あれ、楽しいよな。

庄司

あれは最高ですね。僕も、最初は何回挑戦してダメで、子どもが急にパーッと乗れたときは、もううれしくてほかのお子さんとかもいっぱいいたんですけど、めちゃめちゃ喜びました。「うわーっ、やったぜーっ！！」って。

尾形

それ、子どもも絶対うれしいですよね。まだ僕は経験ないですけど、楽しみです。ビッグイベントっすね。

小堀

僕も、それはやりました。自転車の後ろもって途中まで走って、ほんまは離してんのに、離してない感じでひとりで走らせて。やりましたよ。嫁がぽっちゃりしてて、動くのイヤや言うから…。

野々村

いらんこと言わんでええねん！

パパにもちょっとだけ本音を言わせて！

ここでは、パパからの「パパにも言わせて！」という本音を集めました。
ちゃんと聞けば、「なるほど、そうだったのか」と納得することもあるかも！？

「できなくても、もう少し見守ってほしい！」

パパコメント

「子どもの着がえを頼まれたとき、自分は服の構造とかいろいろ理解しながら順番にていねいにやりたいのに、少し遅いだけで横から『もういい、こうだよ』とサッと手を出されてしまうと、次からやるのがイヤになってしまう」

野々村コメント

「なるほど！ ママは早くやることを優先するし慣れているので、ついつい自分と違ったり、ペースが遅いとイライラしてしまいがちやね。パパにはパパのペースややり方がある。よほど間違ってないかぎり、気長に見守ろう！」

「パパでもわかるように、ちゃんと説明して！」

パパコメント

「ママは家の中のことを把握していても、自分は外にいることが多く今までまったく注目していない場所もあるので、急に何かを『取ってきて』『やっておいて』と頼まれても困る。そこはすぐ怒らず、ていねいに説明してほしい」

野々村コメント

「なるほど！ 当然のことを『どこ』『わからない』と言われたら『なんでわからへんねん！』と腹が立ってたけど、注目するところが違うならしかたないかも。1回はグッとガマンでやさしく教えて、次からはしっかり手伝ってもらおう」

「言い方をもう少し考えて！」

パパコメント

「1回失敗したことを、強い言い方で注意されたり、『頼んだのが間違いだった』とか役立たずのように言われたりすると、落ちこむし、プライドが傷つくので、もう手を出さないほうがいいと思ってしまう」

野々村コメント

「なるほど！ ママも、自分が言われたらイヤな言い方はしないで、できたことをほめつつ、さり気なくアドバイスして、次からも手伝ってもらおう。そのほうが、ママにとってもお得！ 言葉と表情には気をつけよう！」

ママの本音5

言わせて

言わせて❶

大きな子どもはいらん！

ママの本音５

はっきり言う！　これ以上、私の仕事をふやすなー!!

家事を手伝うならまだしも、ただただ仕事ふやすってなんじゃー！

頼むから子どもが赤ちゃんの時期の今だけでも、

なるべく自分のことは自分でして！

自分が食べた食器下げて洗ってしまうくらいできるやん！

脱いだ服や靴下を洗濯機に入れて、自分のまわりかたづけるくらいできるやろ！

だって、もともとはひとり暮らししてた人もいるよね!?

こっちは大人の手伝いが欲しいねん！　大きな子どもはいらーん！

大丈夫、またあなたがいちばんになる日も来る！

だから今は、赤ちゃんのお世話に集中させてー

言わせて❷

自分でイクメンぶるんじゃない！

ママの本音5

人前やからって、**急に肩車したりして、どうしたどうした!?**
「いやぁ、俺イクメンだからさ」みたいな顔して、なんやなんや!?
自分の都合のいいときだけ気まぐれに育児っぽいことしてるパパにかぎって、
人前では、イクメンぶるねん!
だいたい肩車とか、育児ってそういうことじゃないぞ!
何も言われなくても、ひとりでうんちのオムツをサラッとかえて、
ひとりで一日、赤ちゃんをみられるようになってから言え!
「あとは、おっぱいが出たら完ペキ!」。そこまで到達したパパが
真のイクメンや! まだまだ甘い!
でも、自称イクメンは、何もしないパパよりはよっぽど助かるよ!

言わせて❸

ちょっとやったくらいで ドヤ顔で自慢すな！

ママの本音 5

ちょっとしたミニ育児したり、プチ家事したくらいで、そこまでドヤ顔する？
やってくれるのはうれしいけど
頼むから「やってあげてんじゃん」感出すのやめて！
ドヤ顔したいんなら、もうちょっとやってくれてもいいんやで！
ママが毎回「オムツかえといたよ（ドヤッ）」「お風呂沸かしておいたよ（ドヤッ）」
ってドヤ顔で言ってきたらイヤやろ!?
育児のことも「手伝ってあげてる」と思ってないか？
まず、その考えを捨てろ！
この子、誰の子!? そう、2人の子！
だから2人で育てるの、当然！ いっしょに愛情いっぱい、仲よく育てようよ。

言わせて❹

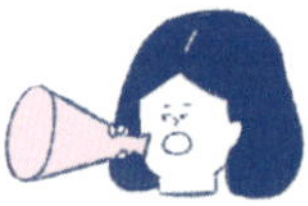

口だけ出すな！
お金だけ出して♡

ママの本音 5

子どもの習い事とか、お世話のしかたとか、離乳食とか

いちいちああしろこうしろ、このほうがいいんじゃないとか、

うるさく言うな！ こっちもこっちでいろいろ調べてやってるねん！

たまに口出ししてくるくらいなら、全部やってみ！

健康管理と生活の管理、大変やねんで！

赤ちゃんも意外と忙しいし、スケジュール埋まってるねん。

皮膚科とか小児科とか、予防接種とか健診とか、いろいろあるのよ！

それこなしながらも考えてやってんねん！

心配なのはわかるし、何も考えてないより考えてくれてうれしいけど、

よくわかってないことはママにまかせて、**お金だけ出してくれたらカッコいい！**

言わせて❺

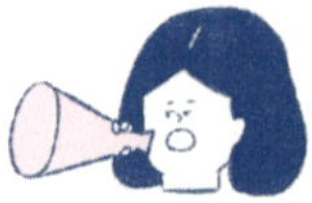

「してないやつとくらべたら俺、してるほうだよね？」…って、なんじゃや!?

してないやつと
くらべたら 俺、
してるほうだよね
はあ!?

あたりまえやろ！　どことくらべてんねん！　謎のライバルと張り合うな！

だいたいくらべること自体おかしいねん！

ママがいちいちそんなこと言ったら「はぁ？」って思うやろ？

「私って、育児してない人とくらべたら、してるほうだよね～？」

「私って、洗濯してない人とくらべたら、してるほうだよね～？」

「私って、１０５歳の人とくらべると若いほうだよね～？」

「私って、鹿とくらべると二足歩行のほうだよね～？」

言わへんやろ？　言わへんよ。おかしいからや！

そこは育児してる人とくらべんかい！

ほめてほしいのはわかるけど、他人とくらべるんじゃない！

言わせて❻

健康に気をつけて長生きしろ！

ママの本音 5

子どもにとっても、私にとっても、大切なパパ。

たまに言い方が強くなっちゃうときもあるけど、ごめんね。
でも、なんやかんや言っても、パパがいないとダメなんです。

だから、
どうかできるだけ長生きして、いつまでも私たちを守ってください。

いつも頼りにしてるよ。

言わせて❼

忘れちゃいけない大事な3つ。「共感」「協力」「共有」

ママの本音5

夫婦となり、人の親となった私たちは忘れてはいけない。
子育ての大変さ、難しさ、楽しさを夫婦で「共感」し、
困難なときは夫婦で「協力」して乗り越え、
子どもの笑顔が咲くたびに胸にわき上がるあたたかい気持ちや、
子どもの成長を感じたときの涙が出そうになる喜び、
小さな命の大きな尊さ、枯れることのない深い愛情、
子どもに関するそのすべてをできるだけ夫婦で「共有」すること。
私たち夫婦だけが感じられる大切な3つ。
もどかしいことも、疲れることもある。だけど、
このかけがえのない日々を、手を取り合い、ともに歩もう。

おわりに

毎日必死で頑張っているママは、本当にすばらしい！
もしも近くに、ママの苦労も知らず、自分だけは今までどおりの生活を楽しんで、家事も育児も手伝ってくれずにゴロゴロしているパパがいるなら、枕もとにこの本をそっと置いておきましょう。
心では思っていても、なかなか声に出せないママの本音を少しは知ってもらって、少しはスッキリしたいですね。

どこのパパも、ママの理想とはほど遠いようで、ほとんどのママの口からパパのグチがこぼれます。こぼれるどころかあふれかえって止まらないこともしばしば。ただでさえ、産後でホルモンのバランスもくずれてイライラしているのに、パパのことでまでイライラしたくないですね。
でも実は、私たちにも、イライラしないようにできることがあるのです。

夫のことを、急に父親として見ることをやめる。

夫に、父親としての自覚がたりないと腹が立ちますが、私たちが「ママ」になるには長いプロセスがありました。妊娠期間に全身でわが子の存在を認識し、時間をかけて情報を収集し、母になる準備を十分に整えたあと、出産という大きな儀式を経て、さっきまで一心同体だった存在にやっと対面できるのですから、そりゃもう男性の父性がこれに追いつくものか。逆に、追いつかれてたまるか！ですよ。あんな幸せな時間を男性は経験せず、父になるのですから、ちょっぴり気の毒でもあります。

だから、そんな夫に、「父親になったんだから」だけの理由で、急に大きな変化を期待したり、自分の望む父親像を要求するのは難しいことなのです。

ママが親としてあたりまえのようにできることでも、パパができないと思わず「なんで!?」と怒りを覚えてしまいますね。

それは、赤ちゃんができたときや生まれたときから、夫のことを「パパとして見ている」から。

それでは当然、あら探しばかりになってしまいます。

たしかに「パパ」としては、気がきかないし、頼りないかもしれない。

しかし、「夫」として見たら、どうでしょう?

彼は、特に今までと何も変わっていないだけではないでしょうか?

今までと変わらず、あなたを大切に思い、あなたが大切に思う、愛すべき人ではないでしょうか。

私たちが長い時間をかけて母になる準備をしてきたように、多くのパパはこれから子どもとかかわっていくなかで、それぞれのペースで父性を育み、父としての役割を見出し、責任を感じ、やっと準備が完了してパパとなるのです。

だから最初のうちは、急に子どもの父親として見ずに、「自分の夫としては魅力的。まあ、時間をかけて父親としてもしっかりしてくれたらいいな」と、少し余裕をもって考えてみてもいいかもしれません。

「だろう説明」はやめる。

「家事や育児を手伝うから教えて」と、せっかくパパが出した「やる気」を消滅させてしまう原因に、ママの「だろう説明」があります。

ママは日々家事も育児もあたりまえにこなしているので、これくらいわかる「だろう」ってことは省略し、これくらいできる「だろう」と、勝手な期待をもって、簡単にざっくり説明しがちなんです。

その説明でパパはやりはじめますが、当然うまくできません。しかし、プライドがあるからできるだけ質問はしたくない。ママはできないパパにイライラ。

こうなると、ママの「さっき言ったじゃん」「聞かなくても普通わかるじゃん」「あーもういいよ」「頼んだ私が悪かった」コンボからの、パパの「二度とやるか!!」が発動、という最悪パターンです。

パパは基本的なことすら知らなくてあたりまえ。まずはこれを理解してあげて、自分なら1でわかることも、ていねいに思いやりをもって10説明してあげましょう。

ただし、あまりにも細かく説明するとイヤになってしまうのでほどほどに。

そして、大事なのは、怒らないこと、あきらめないこと、ほめること!

「言ってもムダ」「期待しない」「自分でやったほうが早い」とあきらめてしまったら、そこで終わり。できないことは慣れてもらって、何度も練習してもらわないと、できるようにはなりません。

ここでママも頑張れるかどうかで、そのあとのママの人生が大きく変わります。

だって、家事・育児ができるパパは、ママの最強のパートナー！

そして、ママがラクになって毎日機嫌がよければ、パパもきっといい気分。夫婦仲がよければ、当然子どももうれしい。

そう、夫婦で仲よく子育てをするということは、家庭の平和を意味するのです！

だから、未来の自分やパパのため、子どものため、家族のために、子どもといっしょにパパにも少しずつ育ってもらいましょう。

育児だけは休みたくても休めない全力ママにしたら、パパに冷たくあたってしまう日も、グチが止まらない日だってあるでしょう。

だけど、もし自分が完ペキな母親としてすべてチェックされたらイヤなはず。

だから相手にも、完ペキな父親は求めず、いっしょに手探りで頑張ればいいのです。

しんどい時期をともに助け合い、支え合って乗り越えたパパとママは、2人にしかわからない苦労や喜びを共有しているぶん、さらに愛情も深まり、よりよい関係になれます。

どんなときも、「あなたに会えていなかったらこの子に会えていなかった」ということをけっして忘れず、生涯お互いを思いやってたくさんの幸せをつくりたいですね。

野々村友紀子

著者　野々村友紀子

1974年8月5日生まれ。大阪府出身。2丁拳銃・修士の嫁。芸人として活動後、放送作家へ転身。現在はバラエティ番組の企画構成に加え、吉本総合芸能学院（NSC）東京校の講師、アニメやゲームのシナリオ制作もするなど多方面で活躍中。著書に『強く生きていくために あなたに伝えたいこと』『あの頃の自分にガツンと言いたい』（ともに産業編集センター）がある。

公式ブログ

Instagram：@nonomura_yukiko
Twitter：@shuji_no_yome

パパになった旦那よ、ママの本音を聞け！

2019年3月22日　初版第1刷発行

著　　者　野々村友紀子
発 行 人　小山朝史
発 行 所　株式会社赤ちゃんとママ社
〒160-0003
東京都新宿区四谷本塩町14-1
第2田中ビル2階
電話　03-5367-6592（販売）
　　　03-5367-6595（編集）
http://www.akamama.co.jp
振　　替　00160-8-43882
印刷・製本　シナノ書籍印刷株式会社

イラスト　Meppelstatt
デザイン　菅谷真理子、髙橋朱里（マルサンカク）
撮　　影　鈴木江実子
D T P　株式会社明昌堂
校　　正　株式会社東京出版サービスセンター
編　　集　菊地香織

ISBN 978-4-87014-137-7